01

Speedking/ Re della Velocità

Grande Squalo Bianco

Messico - Isola di Guadalupe, Oceano Pacifico.

Scatto secondo classificato Monovision Awards 2017

Cm 120x80

02

The Offer / L'offerta

Leone Marino

Messico - Mare di Cortez

Scatto pubblicato sulla rivista Chiiz Vol. 15

Cm 60x40

03

Mermaid realm / Il regno della sirena

Messico - Mare di Cortez

Modella Sofia Merino

Honorable mention MONOCHROME AWARDS 2017

Cm 60x40

04

Teutidi

Seppie

Reame di Tonga - Polinesia

Scatto vincitore concorso National Geographic Italia 2011

Cm 50x70

05

The flower / Il fiore

Scatto aereo realizzato con drone

Isole Cook - Rarotonga - Polinesia

Scatto finalista concorso Traveler Photographer of the year 2017

Cm 80 x 60

06

Men and Sharks / Uomini e squali

Pescatore e squalo balena

Indonesia – Papua - Raja Ampat

Scatto finalista a diversi concorsi internazionali

Cm 70x50

07

Mermaid and sea lion / La sirena e il leone marino

Leone Marino

Messico - Mare di Cortez

Modella Cristina Mendoza

Cm 80x60

08

The ghost turtle / La tartaruga fantasma

Tartaruga

Maldive

Scatto vincitore assoluto concorso Asferico 2019

Cm 40x30

09

Full throttle / A tutto gas

Stenella Striata

Italia - Genova

Cm 30x20

10

The hunt / La caccia

Cormorano in caccia immersione

Messico - Mare di Cortez

Scatto pubblicato sul sito web di National Geographic Italia

Cm 30x20

11

Gentle swimmer / Il nuotatore gentile

Squalo Balena

Indonesia – Papua - Cenderawasih Bay

Cm 30x20

12

Sweet reflection / Dolce riflesso

Lamantino

USA – Florida - Crystal River

Cm 30x20

13

Close encounters of whale kind / Incontri ravvicinati di tipo balena

Contatto con balena grigia

Messico - Bahia Magdalena

30x20

14

White pearl teeth / Denti bianco perla

Grande Squalo Bianco

Messico - Isola di Guadalupe - Oceano Pacifico

Cm 30x20

15

Glitter world / Mondo glitter

Messico - Mare di Cortez

Modella Camilla Meloni

Cm 100x70

16

Wonderboy / Il ragazzo meraviglia

Tursiope

Italia - Genova

Cm 40x30

17

Dolphins / Delfini

Sudan - Mar Rosso

Cm 60x40

18

I am just a clown / Sono solo un clown

Pesce Pagliaccio

Maldive

Cm 30x20

19

The big splash / Il grande splash

Balena Megattera

Messico - Oceano Pacifico

Cm 60x40

20

Swimming in the sky / Nuotando nel cielo

Messico – Costa Maya - Cenote Tajma Ha

Scatto pubblicato sulla rivista National Geographic Viajes n. 230

Cm 40x30

21

The turtle / La tartaruga

Tartaruga

Malesia - Borneo

Cm 30x20

22

Fly like an eagle / Volando come un'aquila

Aquile di Mare

Maldive

Cm 60x40

23

Turn the beat around / Il ritmo che gira intorno

Balena Megattera

Polinesia Francese – Moorea

Fusione di 6 immagini

Cm 30x20

24

Blowing the rainbow / Soffiando l'arcobaleno

Capodoglio

Italia - Genova

Cm 30x20

25

Water flower / Fiore d'acqua

Stenelle striate

Italia – Genova

Cm 40x30

26

Zifius Cavirostris

Zifio

Italia - Genova

Scatto utilizzato sul sito web BBC

Cm 30x20

27

Gimme five / Dammi il cinque

Leone Marino

Messico - Mare di Cortez

Cm 30x20

28-DSC_6521

28

Sunny manta / Manta soleggiata

Manta

Maldive

Cm 40x30

29

Poetry in nature / Poesia della natura

Stenelle striate

Italia - Genova

Cm 40x30

30

Whale party / Festa di balene

Balene megattere

Polinesia Francese - Moorea

Cm 30x20

31

Happy family / Famiglia felice

Stenelle striate

Italia – Genova

Scatto pubblicato sulla rivista Mondberge #04

Cm 40x30

32

The wall / Il muro

Sardine

Messico - Mare di Cortez

Cm 40x30

33

Big mouth / Bocca grande

Squalo Balena

Indonesia - Papua

Cm 30x20

34

Paddling in Polynesia / Pagaiando in Polinesia

Isole Cook – Polinesia - Aitutaki

Cm 40x30

35

Double fly / Doppio volo

Sula marrone (Brown Booby) in caccia di pesce volante

Polinesia Francese - Moorea

Cm 30x20

36

Fins of joy / Pinne di gioia

Stenella striata

Italia - Genova

Cm 30x20

37

Golden boy / Il ragazzo d'oro

Stenelle striate

Italia - Genova

Cm 30x20

38

The shape of water / La forma dell'acqua

Italia - Genova

Cm 30x20

39

Ordinary day / Un giorno normale

Delfino Comune

USA - San Diego - California

Cm 30x20

40

Diving with sharks / Nuotando con gli squali

Squalo Pinna nera

Polinesia Francese - Bora Bora

Cm 30x20

41

Superboy / Ragazzo super

Polinesia Francese - Tahiti

Cm 30x20

42

Shall we dance / Balliamo

Leone Marino in interazione con sirena

Modella Cristina Mendoza

Messico - Mare di Cortez

Cm 60x40

43

Gray in the black / Grigio su nero

Squalo Grigio

Sudan – Mar Rosso

Cm 30x20

44

50 shades of gray / 50 sfumature di grigio

Squalo Grigio

Maldive

Cm 30x20

45

Impossible love / Amore impossibile

Modella Cristina Mendoza

Messico - Mare di Cortez

Cm 30x20

46

Flexity / Flessibilità

Leone Marino

Argentina - Patagonia

Cm 30x20

47

Biodiversity / Biodiversità

Lutianidi e coralli

Indonesia - Raja Ampat - Papua

Cm 60x40

48

Travelling / Viaggiando

Carangidi

Malesia – Borneo - Sipadan

Cm 60x40

49

Sealhouette

Leone Marino

Messico - Mare di Cortez

Cm 80x60

50

Sardinia wave / Onda sarda

Onda sulla spiaggia

Italia - Sardegna

Scatto vincitore concorso Ortonasub 2016

Cm 30x20

51

Orca attacks / Orca all'attacco

Orca attacca leoni marini sulla spiaggia

Argentina - Patagonia

Cm 30x20

52

Singing at sunset / Cantando al tramonto

Stenella striata

Italia - Genova

Cm 30x20

53

Dugongo

Egitto - Mar Rosso – Marsa Alam

Cm 30x20

54

Mommy and me / Io e la mamma

Stenelle striate

Italia - Genova

Cm 30x20